AUF DEN ANTILLEN

(Für Federico, der mich bis Frederiksted begleitet hat.)

Villa in Porte-au-Prince auf Haiti. Das sonnenreiche Klima, der Reichtum an Vegetation, Holz als „atmender" Baustoff haben zusammengewirkt und eine ungewöhnliche Architektur entstehen lassen: Symbiose französischer Landhaustradition und karibischer Freude an Verzierung und Farben, die noch im Verfallen bewohnbar scheint.

Maren Heyne

AUF DEN ANTILLEN

Spuren kolonialer Architektur

Mit einem Text von Hans Christoph Buch

Reisen zur Architektur Edition Fricke im Rudolf Müller Verlag

Straßenszene in Willemstad, der Hauptstadt Curaçaos. Das Blickfeld dominiert die Nederlands Hervormerd Synagoge, die 1856 mit Stilelementen des Empire erbaut worden ist. Die Rosetten sind unverglast. Der achteckige Aufsatz des Gotteshauses ist aus Holz, den ein Spitzdach deckt. Im Bildhintergrund sieht man Teile der Wehrmauer der Festung Willemstad.

Versuch, einem Mitteleuropäer die karibischen Inseln zu erklären

GRENZÜBERSCHREITUNG

I.

Ich weiß nicht, wo ich anfangen soll, denn in dem Teil der Welt, von dem im folgenden die Rede sein wird, ist buchstäblich alles — von den geologischen Formationen über die Pflanzen- und Tierwelt bis zum sozio-kulturellen Überbau — anders als zwischen Rhein und Elbe, Flensburg und Bodensee. Nicht nur die Wörter, die aus dieser entlegenen Gegend, auf dem Umweg über Spanien oder Frankreich, zu uns gelangt sind, auch die Dinge, die sie bezeichnen, sind hierzulande zumeist unbekannt. Zwar gibt es auch bei uns inzwischen in jedem besseren Supermarkt Mangos zu kaufen, und Zombiefilme mit Titeln wie „Die Nacht der lebenden Toten" finden in den Videoshops reißenden Absatz; aber die fernen Länder, aus denen die Zombies und die Mangos stammen, sind noch immer eine terra incognita, über die nur die gröbsten Klischees in Umlauf sind, ja, vielen Zeitgenossen ist noch nicht einmal klar, um welchen Teil der Welt es sich überhaupt handelt: Haiti wird immer wieder mit Tahiti, die Inseln der Karibik mit denen der Südsee verwechselt.

In meinem alten Schulatlas ist die Karibik durch schraffierte Schrägstriche als Gebiet wirtschaftlicher Unsicherheit gekennzeichnet, nicht nur, weil sie im Epizentrum von Erd- und Seebeben, sondern auch, weil sie in der Einflugschneise von Hurricans liegt, die mit ungehemmter Wucht auf die Inseln niederprallen und alles, was sich ihnen in den Weg stellt, wie mit Planierraupen niederwalzen, ehe sie sich ausgetobt haben und nach Nordwesten abdriften, dem Golf von Mexiko und den Küsten Floridas entgegen. Diese verheerenden Stürme entstehen aus der gleichen Ursache wie die wohltätigen Winde, die die Karavellen des Kolumbus von den kanarischen zu den karibischen Inseln beförderten: durch die Aufheizung der Atmosphäre über dem Südatlantik, dessen Wasser als warmer Golfstrom die Küsten Nordamerikas und Westeuropas umspült.

Ihre wirtschaftliche Unsicherheit — wir würden heute von Unterentwicklung sprechen — verdanken die Anrainerstaaten der Karibik nicht allein ihrer an Katastrophen reichen Natur und Geschichte — die Karibik ist auch politisch ein Vulkan —, sondern paradoxerweise ebenjenem Umstand, der sie als Traumziel für Touristen so attraktiv macht: ihrer Insellage, fernab von den Zentren der industrialisierten Welt — eine „splendid isolation", die durch die Zersplitterung in voneinander unabhängige Republiken und miteinander verfeindete Kleinstaaten noch verstärkt wird, deren Bewohner verschiedene Sprachen sprechen (oft sogar innerhalb ein- und desselben Landes) und sich an weit entfernten Kulturmetropolen orientieren. Hinzu kommt die weltweite Absatzkrise und der dadurch bedingte Preisverfall der „klassischen" Kolonialwaren wie Zuckerrohr und Kaffee, eine galoppierende Inflation und Auslandsverschuldung, die ebenso unkontrolliert wächst wie die aus allen Nähten platzende Bevölkerung — aber ich will hier nicht über das Elend der Dritten

Welt lamentieren, sondern die Geschichte der karibischen Inseln nacherzählen, ohne deren Kenntnis auch die Gegenwart mit ihren Problemen unverständlich bleibt.

II.

Bekanntlich glaubte Kolumbus, als sein Flaggschiff, die Santa Maria, in der Nacht vom 11. auf den 12. Oktober 1492 vor einer unbekannten Küste ankerte, er habe den westlichen Seeweg nach Indien entdeckt, und nannte das vor ihm liegende Land Westindien, eine Bezeichnung, die bis heute für geographische und postalische Verwirrung gesorgt hat. Schon der Begriff „Entdeckung" ist Ausdruck kolonialer Überheblichkeit: so als sei der neuentdeckte Kontinent, bevor christliche Seefahrer an seinen Küsten landeten, herrenloser Besitz, und nicht von Menschen bewohnt gewesen. Gleich beim ersten Landgang auf der von ihren Ureinwohnern Guanahani genannten Insel der östlichen Bahamas, die Kolumbus auf den Namen San Salvador taufte (heute Watlings-Island), nahm er das Land feierlich für die spanische Krone in Besitz, und bereits nach der ersten Begegnung mit seinen Bewohnern notierte Kolumbus in sein Bordbuch: „Sie werden gute Diener abgeben, denn ich bemerkte, daß sie rasch aufnahmen, was ich ihnen sagte, und es wird leicht sein, sie zum Christentum zu bekehren, denn sie haben keinerlei Religion, und bei meiner Rückkehr wird es mir ein Vergnügen sein, Euren Königlichen Hoheiten sechs Eingeborene als Geschenk mitzubringen, damit sie sprechen lernen" (Hervorhebung von mir, H. C. B.). Nicht nur ihre Religion, auch das Recht auf ihre eigene Sprache spricht Kolumbus den karibischen Ureinwohnern ab; mit der Umbenennung der von ihnen bewohnten Inseln wird die Landnahme und damit die Eingemeindung ins spanische Kolonialreich vollzogen: Haiti, ein Wort, das in der Sprache der Taino-Indianer „felsig" bedeutet, wird so zu Hispaniola (Klein Spanien).

Rastlos von einer Insel zur anderen vorstoßend, ohne daß festes Land in Sicht kam, korrigierte Kolumbus seine geographische Einschätzung: Die große Insel Kuba, von der ihm die Eingeborenen erzählten, setzte er mit Cipango (Japan) gleich, die Kriegskanus der Kariben-Indianer mit der Kriegsflotte des Großen Khan, dem er in seiner legendären Hauptstadt Quinsay einen Besuch abstatten wollte, um ihn im Namen des Königs von Kastilien zum rechten Glauben zu bekehren. Fernziel von Kolumbus' Reise war nicht die Gier nach Gold, das er nur als Mittel zum Zweck ansah, sondern die Befreiung der heiligen Stadt Jerusalem aus der Gewalt der Ungläubigen, ein Traum, dessen Verwirklichung ihm nur mit Unterstützung des mongolischen Großkhans, d.h. des Kaisers von China, möglich schien. Kolumbus war noch ganz im Kreuzzugsdenken des Mittelalters befangen; erst kurz vor Beginn seiner Reise hatten die Spanier die letzten Mauren von der Iberischen Halbinsel vertrieben.

Die von den Spaniern „entdeckten" Menschen, die diese aufgrund eines geographischen Irrtums „Indianer" nannten, waren in einem anderen, noch schwerwiegenden Irrtum befangen: Sie hielten die bärtigen Männer, die mit Schwertern und Kreuzen bewaffnet aus ihren schwimmenden Häusern an Land wateten, für vom Himmel herabgestiegene Götter aus dem Land der aufgehenden Sonne, die gekommen seien, um ihnen beizustehen im Kampf gegen ihre Feinde. Die aus den Urwäldern des Orinokodeltas stammenden kriegerischen Kariben-Indianer versetzen die seit Jahrhunderten auf den Inseln seßhaften Tianos und Arrawaks in Angst und Schrecken, indem sie ihre friedlichen Dörfer überfielen, die Männer töteten und Frauen und Kinder verschleppten, um sie zu versklaven oder zu verspeisen.

Als die Arrawaks ihren Irrtum, die Absichten der Spanier betreffend, erkannt hatten, war es zu spät. Nur eine Generation nach ihrer „Entdeckung" waren die Ureinwohner der westindischen Inseln schon weitgehend dezimiert — von drei Millionen Arrawaks auf Hispaniola waren 1550 noch ganze 150 am Leben! Sie mußten sich in den Gold- und Silberminen zu Tode schuften, wurden wie wilde Tiere gejagt und von Bluthunden lebendig zerfleischt — die Jagd galt nur dann als erfolgreich, wenn mindestens zwölf Indios auf der Strecke blieben — für jeden Apostel einen. Um die Ausrottung der Indianer zu beschleunigen, gingen die Spanier dazu über, ihre Ernten zu vernichten und ganze Dörfer mitsamt ihren Bewohnern niederzubrennen. Gegen Ende des 16. Jahrhunderts waren die Arrawaks von den meisten Inseln verschwunden, 50 Jahre später ganz ausgestorben; nur die Kariben im Delta des Orinoko und auf den der Küste vorgelagerten Inseln hielten sich noch länger und leisteten den spanischen Eroberern bis ins 18. Jahrhundert hinein erbitterten Widerstand.

Der Umschlag des von Kolumbus gepriesenen Paradieses in eine Hölle von Mord und Zerstörung — wir würden heute von Genozid sprechen — war von Anfang an programmiert. Der angebliche Kannibalismus der Kariben, über dessen Existenz sich heute die Fachgelehrten streiten, war nur der Vorwand für einen Völkermord, der auch von anderen Kolonialmächten ins Werk gesetzt wurde, wobei man um ideologische Rechtfertigungen nie verlegen war. Auch die vermeintliche Unschuld und Friedfertigkeit der Arrawaks hat diese nicht vor der Vernichtung bewahrt, im Gegenteil ihren Untergang noch beschleunigt. Und es ist gewiß kein Zufall, daß die Vorstellung vom irdischen Paradies mit dem dazugehörigen Sündenfall — vom Garten Eden bis zu den künstlichen Paradiesen des Club Méditerranée — immer mit nackter Haut und tropischen Inseln verknüpft war, die, parallel zum Fortschreiten des Fremdenverkehrs, in immer weitere Ferne rückten: von den Balearen über die kanarischen und karibischen Inseln bis zu den Malediven und den Inseln der Südsee. Wie beim Wettlauf von Hase und Igel hat die Realität die romantischen Glücksvorstellungen stets eingeholt. Das gilt auch für die Karibik: Die naive Begeisterung über die Schönheiten der tropischen Natur und den erotischen Charme der Menschen, die nur von Luft und Liebe, Tanz und Musik, von der Hand in den Mund zu leben scheinen, schlägt bei der Konfrontation mit der Wirklichkeit um in blankes Entsetzen über das Horrorregime von Papa und Baby Doc, den Terror der kubanischen Revolution oder die hohe Verbrechensrate auf Jamaica. Dabei sind solche Mißstände nur die Kehrseite der buntschillernden Medaille, Spätfolgen einer kolonialen Situation, die mit der Ankunft der ersten Spanier begann und die nur mit Gewalt aufrechterhalten oder überwunden werden kann. Daß auch der Tourist, als stiller Nutznießer des Nord-Süd-Gefälles, an Elend und Unterentwicklung partizipiert, heißt nicht, daß er mit moralischen Skrupeln oder politischen Scheuklappen durch die sonnige Gegend laufen soll. Die Glorifizierung der Karibik als Paradies ist genauso falsch wie ihre Verdammung als Hölle auf Erden; die Wahrheit liegt auch nicht einfach in der Mitte, sondern in den Widersprüchen der Wirklichkeit, die wahrgenommen und ausgehalten werden muß. Es führt kein Weg zurück in die vermeintliche Unschuld der präkolumbianischen Epoche.

III.

Die Ausrottung der Ureinwohner der westindischen Inseln war nur das Vorspiel zu einem noch umfassenderen Genozid, dem zusammen mit der Kultur der Mayas, Azteken und Inkas auch die Mehrheit der Indiobevölkerung zum Opfer fiel. Und auch damit war das Leiden noch nicht zu Ende: Der Dominikanermönch Bartolomé de Las Casas, der als Verteidiger der Indianer in die Geschichte eingegangen ist, schlug Karl V. die Einfuhr von Negersklaven aus Afrika vor, da diese widerstandsfähiger als die Indianer und für die Arbeit in tropischen Regionen besser geeignet seien. Las Casas wurde damit zum Komplizen eines historischen Verbrechens, das in seiner Tragweite dem Völkermord an den Indianern in nichts nachsteht.

1503 traf die erste Schiffsladung mit Negersklaven auf Hispaniola ein; in den folgenden 450 Jahren ergoß sich ein nichtabreißender Strom von Sklaventransporten von der Westküste Afrikas, die noch heute Sklavenküste heißt, in die Häfen der neuen Welt, wo das schwarze Elfenbein meistbietend versteigert wurde. Die Opfer wurden von arabischen Sklavenjägern eingefangen oder von afrikanischen Stammesfürsten, die ihre Untertanen als Handelsware betrachteten, an europäische Händler verkauft; nach wochenlangen Gewaltmärschen an die Küste wurden sie als lebendiges Frachtgut auf Schiffe verladen und, im dunklen Schiffsbauch zusammengepfercht, mehr tot als lebendig nach Amerika verfrachtet, wo diejenigen, die nicht während der Überfahrt an Seuchen und Krankheiten (Skorbut!) oder einfach an Kummer verstorben waren, sich auf Zuckerrohr- und Baumwollfeldern in wenigen Jahren zu Tode schufteten. Die durchschnittliche Lebenserwartung eines Negersklaven überstieg nur selten dreißig Jahre; die Kolonien fraßen ihre Sklaven, und der Nachschub durfte nie abreißen. Dem Sadismus der weißen Pflanzer und ihrer Aufseher waren keine Grenzen gesetzt: Wegen geringfügiger Vergehen wurden die Sklaven ausgepeitscht (wobei die schmerzhafte Wirkung der Peitschenhiebe durch das Einreiben der frischen Wunden mit Pfeffer oder Zitrone noch verstärkt wurde), mit glühenden Eisen gebrandmarkt, durch Abschneiden von Nasen und Ohren, Fingern oder ganzen Gliedmaßen verstümmelt, oder, wenn sie gegen ihre Besitzer rebellierten, gehängt, geköpft, gerädert, geviertteilt, lebendig begraben oder verbrannt. Das Ausmaß der Qualen wird deutlich, wenn man liest, daß Ludwig XVI. in den französischen Kolonien als „Freund der Neger" galt, weil er die Anzahl der Peitschenhiebe gesetzlich auf fünfzig begrenzte!

IV.

So entstand im Lauf von 250 Jahren, in denen sich die Kolonialmächte wie hungrige Hyänen um die Überreste des spanischen Weltreichs stritten, das buntscheckige Bild der Karibik, wie wir sie heute kennen, ein Patchwork von Sprachen und Kulturen, Rassen und Nationalitäten, in dem, einschließlich der fernen Sowjetunion, buchstäblich die ganze Welt vertreten ist. Es gibt kaum eine ethnische oder linguistische Konstellation, die auf irgendeinem Zipfel dieses Flickenteppichs nicht vorkommt: dunkelhäutige Deutsche auf Haiti, rothaarige oder blonde Neger in Jamaica, dänisch sprechende Schwarze auf den Virgin Islands; aus Friesland stammende Mennoniten in Belize, dem früheren Britisch Honduras; negroide Indianer mit deutschen Namen an der Moskitoküste von Nicaragua; christliche Libanesen in Trinidad; nordafrikanische Einwanderer auf Martinique; Inder auf den Bahamas; Indonesier und Malaien auf Curaçao; Anhänger des Rasta-Kults, die Haile Selassie als Heiligen verehren und von der Rückkehr nach Äthiopien träumen, in Jamaica; vor den Nazis geflohene deutsche Juden und vor den Alliierten geflüchtete deutsche Nazis in der Dominikanischen Republik; polnische Diamantensucher im Dschungel von Venezuela; volleyballspielende Sowjetbürger am Strand von Varadero, Kuba; nordkoreanische Berater in Surinam, dem früheren Niederländisch Guyana; laotische Bergvölker (Hmong) in den Urwäldern von Französisch Guyana; vietnamesische Boat-People in Guadeloupe, chinesische Köche auf Grenada, japanische Computerexperten in San Juan, der Hauptstadt von Puerto Rico – aber ich will den Leser nicht mit Aufzählungen langweilen. Nur als Kuriosum sei noch die seit 1648 zwischen Holland und Frankreich geteilte Insel St. Martin erwähnt und das von Fischern aus der Bretagne und Normandie bewohnte Eiland St. Barthélemy, das von 1784 bis 1877 zu Schweden (!) gehört hat.

Hinter der verwirrenden Vielfalt der Rassen und Religionen, Sprachen und Kulturen verbirgt sich ein – trotz aller Unterschiede – vergleichbarer Lebensstil, ein relativ einheitliches Welt- und Lebensgefühl, dessen reinster Ausdruck der Voodoo-Kult und der Karneval ist, zwei Fe-

Straße in Puerto Rico, die zum Hafen hinunterführt. Die blauen Pflastersteine stammen aus Europa. Sie sind Nebenprodukt spanischer Eisenverhüttung und als Schiffsballast mitgeführt worden. Neben brüchiger Bausubstanz gibt es restaurierte Häuser, die dem Besucher eine Vorstellung von kolonialer Prachtentfaltung geben.

ste, die auf allen von Schwarzen bewohnten karibischen Inseln gefeiert werden, nicht nur zu einer bestimmten Jahreszeit, sondern das ganze Jahr über. Voodoo-Zeremonien finden in den Hounforts (Tempeln) von Haiti fast jedes Wochenende statt, und Karneval wird hier nicht nur im Februar gefeiert, sondern bei jeder sich bietenden Gelegenheit. Im Grunde ist in der Karibik immer Karneval, so wie in Kuba immer der 26. ist: „Siempre es el 26" — steht auf zahllosen Transparenten zu lesen. An diesem Tag im Juli 1953 stürmten Fidel Castros Revolutionäre die Moncada-Kaserne von Santiago de Cuba. Was eine Revolution oder was Karneval ist, brauche ich deutschen Lesern nicht zu erklären, aber was Voodoo bedeutet, jene spezifische Mischung aus westafrikanischem Fetischismus und indianischem Schamanentum, europäischem Aberglauben, Freimaurerritualen, Mystik und Magie — diese Kenntnis kann ich hierzulande nicht einfach voraussetzen. Der Voodoo ist mehr als nur ein Kult, den die Schwarzen an Bord der Sklavenschiffe aus ihrer afrikanischen Heimat mitbrachten und mit Elementen der katholischen Heiligenverehrung zu einem religiösen Synkretismus verbanden, er ist auch mehr als bloß ein Bündel magischer Praktiken zur Heilung von Krankheiten, je nachdem Liebeszauber oder todbringender Fluch — der Voodoo ist eine getrommelte und getanzte (manchmal auch gestammelte) Botschaft, die das kulturelle Erbe und das kollektive Unbewußte dreier Kontinente, Afrikas, Amerikas und Europas, zu einer rauschhaften Synthese vereint.

Damit komme ich zu einem weniger verfänglichen Thema, der kreolischen Sprache, deren Grundfigur, ähnlich wie im Voodoo, in Literatur und Kunst, Musik und Architektur, die Grenzüberschreitung ist, und zwar nicht nur, weil die meisten Bewohner der karibischen Inseln mehrere Sprachen sprechen. Allem Rassen- und Standesdünkel zum Trotz, den es, entgegen anderslautenden Meldungen, auch hier gibt, kapseln sich die Volksgruppen und Minoritäten nicht voneinander ab wie in Europa und Nordamerika, sondern vermischen und durchdringen einander im physischen wie im metaphysischen Sinne, als wollten sie die Prophezeiung des kubanischen Schriftstellers Alejo Carpentier wahr machen: In hundert Jahren wird die ganze Welt milchkaffeebraun sein. Diese wechselseitige Befruchtung hat auch in der Sprache der Karibik ihre Spuren hinterlassen. Wer genau hinhört, entdeckt, daß das karibische Englisch, Spanisch oder Französisch nicht nur anders klingt als in Oxford, Madrid oder Paris, nämlich wollüstiger und melodiöser, sondern daß es sich dabei nur um hochsprachliche Varianten ein- und derselben Volkssprache handelt, die auf den meisten Inseln verstanden wird, ob sie nun Kreolisch heißt wie in Haiti, Martinique und Guadeloupe, Patois wie in Jamaica, Papiamento wie auf Curaçao oder Takki-takki wie in den Dschungeln Guyanas. Der gemeinsame Nenner dieser Idiome, mit deren Hilfe sich ein Zulu oder Senegalese untereinander und mit ihren holländischen, englischen oder französischen Herren verständigten, ist, daß sie Anleihen aus fast allen europäischen Sprachen enthalten, bei gleichzeitiger Vereinfachung der Grammatik auf das Allernotwendigste. Ihre Qualität ist ihre Sinnlichkeit und Zärtlichkeit, im Kreolischen „Sirupmaul" (bouche sirop) genannt, ein Reichtum an Nuancen und Schattierungen der Farbe und des Ausdrucks, der jeden Übersetzer karibischer Literatur vor schier unüberwindliche Probleme stellt. Es ist, als habe die Sonne die Sinne emanzipiert: die „naive" Malerei Haitis, die Reggae-Musik Jamaicas oder der Calypso Trinidads sind nur die populärsten Manifestationen einer Kultur, deren Reichtum und Vielfalt es hierzulande noch zu entdecken gilt.

V.

Sichtbarster Ausdruck der kulturellen Synthese, die sich auf den karibischen Inseln vollzogen hat, ist die Architektur, die durch die koloniale Lebensweise mit ihrem Ge-

gensatz von Herrenhaus und Sklavenhütte entscheidend geprägt ist. Dieser, von dem brasilianischen Soziologen Gilberto Freyre (in seinem Buch „Casa-grande e senzala") erstmals beschriebene „klassische" Kolonialstil hat in den Ländern der Karibik, unter dem Einfluß der jeweiligen europäischen Metropole, unterschiedliche Ausgestaltung erfahren: Von der durch maurische Vorbilder inspirierten spanischen Architektur mit ihren weiß gekalkten Mauern, rot gekachelten Fußböden und grün bepflanzten Innenhöfen, in denen Wasser plätschert, über den französischen, englischen und holländischen Kolonialstil, der den Villen, Landsitzen und Herrenhäusern des Mutterlandes nachempfunden ist, bis zur sogenannten „viktorianischen Gotik" des späten 19. Jahrhunderts mit ihren „Gingerbread-Houses", die die neoromantische Architektur der Gründerzeit und des Jugendstils in subtropische Gefilde verpflanzt haben.

Im Wandel der Bauweise wird die unterschiedliche Funktion sichtbar, gleichsam der historische Gebrauchswert, dem die einzelnen Bauten dienten: Die frühesten Monumente der spanischen Kolonialarchitektur – in Reinkultur zu besichtigen in der Altstadt von Havanna, San Juan oder Santo Domingo – sind Kirchen oder Paläste, Sakralbauten oder Zwingburgen mit meterdicken Mauern, Verliesen und Kasematten, die zugleich als Verwaltungszentrum, Warenlager, Gefängnis- und Gerichtsgebäude dienten. In den späteren Zeugnissen englischer oder französischer Kolonialarchitektur tritt der militärische und politische Zweck zurück hinter dem wirtschaftlichen Nutzen und den Luxusbedürfnissen ihrer Bewohner: Es sind aristrokratische Landsitze inmitten eines von Sklaven urbar gemachten, von weißen Kolonialherren ausgebeuteten, fruchtbaren Landes. Die schmalen und hohen Backsteinbauten von Curaçao, die ebensogut an den Grachten von Amsterdam stehen könnten, geben sich schon rein äußerlich als Bürgerhäuser und Kaufmannskontore zu erkennen, deren mit Delfter Kacheln geschmückte Stuben behaglichen Wohnkomfort ausstrahlten und zugleich als Geschäftsräume dienten. Auch die „Gingerbread"-Häuser von Haiti verraten noch heute den ihnen von ihren Erbauern zugedachten Zweck: zur Straße hin offene Gewölbe, in denen Waren gestapelt und Geschäftsabschlüsse getätigt wurden; geräumige Innenhöfe, in denen Kaffeebohnen und Orangenschalen zum Trocknen ausgelegt wurden; im ersten Stock umlaufende hölzerne Galerien, auf denen die Bewohner des Hauses Siesta hielten oder nach Einbruch der Dämmerung im Schaukelstuhl saßen und mit Passanten, Freunden oder Bekannten die Neuigkeiten des Tages besprachen, bevor sie sich in die dahinter liegenden Schlafzimmer zurückzogen.

In späterer Zeit, etwa um die Jahrhundertwende, wird der Wohn- vom Geschäftsbereich getrennt: die Läden und Kontore verbleiben in der immer stickiger und staubiger werdenden Innenstadt von Port-au-Prince, während ihre neureichen Besitzer sich auf den umliegenden Hügeln von europäischen und amerikanischen, später auch von einheimischen Architekten Luxusvillen bauen lassen, die die letzte Mode des Pariser oder Berliner Jugendstils mit den neuesten Errungenschaften der damaligen Technik zu einer originellen, auf tropische Klimabedingungen zugeschnittenen Synthese vereinigen: fließendes Wasser und elektrisches Licht, Bad und WC, Telefon, Grammofon und Ventilatoren halten in die Häuser der Reichen Einzug, während die Mehrheit der Bevölkerung, damals wie heute, in palmstrohgedeckten Lehmhütten ohne Licht und Wasser lebt. Urbild dieser Hütten, die sich, wie einst die Sklavenquartiere, um die Herrenhäuser mit ihren Türmchen und Erkern, Galerien und Balkonen, Giebeln und Säulen gruppieren, sind die Hütten der afrikanischen Vorfahren und die Dörfer der Karibenindianer, „Batey" oder „Bohio" genannt, von denen die heutigen Inselbewohner nicht nur den Gebrauch der Hängematte („Hamac") übernommen haben: Auch der Anbau von Mais und Süßkartoffeln (Bataten), das Tabakrauchen und das Ballspielen gehören zum kulturellen Erbe der karibischen Ureinwohner, ebenso wie die noch heute auf allen Inseln verbreitete Sitte, außerhalb des Hauses, im Freien, zu kochen. Die windschiefen Hütten sind genauso vergänglich wie die Materialien, aus denen sie gebaut sind: mit Häcksel vermischter Lehm, dessen poröse Wände „atmen" und im Sommer Kühle, im Winter Wärme abstrahlen, Palmwedel und Bambusstreben; als Gartenzaun dient eine Hecke aus „Bayahondas" genannten Kakteen. Obwohl diese Hütten bei Hurricans, Erdbeben und den in der Karibik häufigen tropischen Sturzregen wie Kartenhäuser in sich zusammenfallen, ist der dadurch verursachte Schaden geringer als beim Einsturz eines aus Stahlbeton oder Zementbausteinen errichteten, mit Wellblech oder Eternit gedeckten, „festen" Hauses. Während die biologischen Baumaterialien unbegrenzt regenerierbar sind und von der umliegenden Natur gratis geliefert werden, ohne den ökologischen Kreislauf zu zerstören, sind Wellblech und Eternit, Beton und Zement industrielle Importwaren, die mit harten Devisen bezahlt werden müssen. Da der natürliche Wärmeaustausch fehlt, herrscht in den Fertighausbaracken, die heute an Stelle der Lehmhütten überall errichtet werden — das Ganze läuft als Entwicklungshilfeprojekt unter dem Motto Slumsanierung — eine unerträgliche Hitze, die in den Wohnungen der Oberschicht, in Büros und Geschäften mit energiefressenden Air Conditioning-Apparaten — oder mit eisgekühlten Getränken — bekämpft wird: ein technologischer Kreislauf, der zur wachsenden Auslandsverschuldung der Dritten Welt beiträgt.

Dies ist kein Plädoyer für die Rückkehr zur Natur, die längst dem Raubbau der Kolonialherren und dem Kahlschlag der nachkolonialen Epoche zum Opfer gefallen ist. Die tropischen Edelhölzer, aus denen die „Gingerbread"-Häuser gebaut waren, sind heute selten geworden, genauso wie Marmor und Sandstein, die einst als Ballast für Segelschiffe verwendet wurden. Trotzdem ist ein schonender Umgang mit der noch verbliebenen Natur dringend geboten, damit die grünen Inseln in der karibischen See nicht zu nackten Felsen werden in einem von Fischen entleerten, toten Meer.

Hans Christoph Buch

Der Freihafen von St. Thomas hat zu den größten Umschlagplätzen der Sklavenhändler gehört. Obwohl der dänische König 1813 allen dänischen Untertanen den Menschenhandel untersagt hatte, betrieb man das einträgliche Geschäft noch lange Zeit darüberhinaus. Der Sklavenmarkt wird heute als Gemüsemarkt genutzt.

ST. CROIX · ST. THOMAS

Östlich von Puerto Rico gelegen, gehören St. Croix und St. Thomas zu den U.S. Virgin Islands. Vom Beginn des 18. Jahrhunderts bis zum Jahr 1917 stand die Inselgruppe unter dänischer Herrschaft. St. Croix, von Kolumbus Santa Cruz benannt, war 1653 vom König von Frankreich den Malteser-Rittern zugesprochen worden, die wiederum die Insel an die französische Westindien-Kompanie verkauft hatten. 1666 besetzten die Dänen St. Thomas; 1733 kauften sie St. Croix den Franzosen ab. Die dänische Krone ihrerseits veräußerte einzelne Landgüter und Plantagen, Sklaven eingeschlossen, an ihre Minister. Das jahrhundertelange Schachern gipfelte 1917 im Verkauf aller zu Dänemark gehörenden westindischen Inseln an die USA für 25 Millionen Dollar — die auf den Anbau von Zuckerrohr ausgerichtete Wirtschaft war zuvor zusammengebrochen.

In der Architektur der Virgin Islands ist bis heute sichtbar, welche Bedeutung die Inseln als Drehscheibe des internationalen Seeverkehrs einst gehabt haben. So dominieren in den Städten die Kontor- und Handelshäuser. Die meisten dieser Bauten stammen aus dem ausgehenden 19. Jahrhundert, nachdem eine Feuersbrunst die historische Bausubstanz fast vollständig vernichtet hatte. Ein Großteil der Häuser ist im „Gingerbread"-Stil wiederaufgebaut worden. Einheimisches Baumaterial waren Harthölzer wie Mahagoni, es wude jedoch allmählich vom Gußeisen verdrängt; statt mit gebrannten Ziegeln deckte man die Dächer mit Wellblech. Wellblech vor allem konnte raumsparend transportiert, gestapelt und auf denkbare einfache Art verarbeitet werden.

Architektonische Gemeinsamkeit aller Antilleninseln ist ein bestimmter Typus von integriertem Handels- und Wohnhaus. Während das Erdgeschoß Geschäfts- und Lagerräume umschließt, deren Tore tagsüber weit offen stehen, ist das Obergeschoß den Wohnräumen vorbehalten. Umlaufende hölzerne Galerien, die von eisernen Konsolen getragen werden, schützen vor extremer Witterung. Die Dänen, wie auch die Holländer auf den von ihnen beanspruchten Antilleninseln, haben bautechnisch viel schwerfälliger auf das tropische Klima reagiert als etwa die Spanier oder Franzosen. So trifft man im Inneren der frühen Bauten sogar auf offene Kamine, die allerdings fast nie in Betrieb genommen wurden.

In Holzbauweise errichtetes Handels- und Wohnhaus mit getreppten und gestuften Einheiten. Auffallend der, wie ein unterbrochenes Triforium wirkende, Mittelteil. Das um die Jahrhundertwende errichtete Gebäude besitzt unverglaste Fensteröffnungen, die bei Regenfällen oder Stürmen mit Läden verriegelt werden, sonst aber mit Jalousien vor der grellsten Sonne schützen.

Frederiksted ist schachbrettartig angelegt. Die Hauptstraße säumen einstöckige Handelshäuser. Arkaden schützen die dahinterliegenden Lagerräume. Die Kontore und Wohnungen des Obergeschosses erhalten Kühlung durch den steingemauerten Unterbau und ein durchdachtes System aus Arkaden, Fenstern und Läden, das eine ständige Brise erzeugt.

Die Straßen bieten das geschlossene Bild einer dänischen Kleinstadt. Sie werden von behäbigen Kolonnaden eingefaßt, die in Europa vor rauhem Wetter, hier, in Westindien, vor der Sonne Schutz bieten. Baumaterial des Gebäudes im Vordergrund sind Steine aus gelbem Korallen-Kalkstein sowie Brennziegel aus Europa. Sein Baujahr wird dem 18. Jahrhundert zugeordnet.

Der untere Teil des Handelshauses überstand den Großbrand. Das Stockwerk darüber ist jüngeren Datums. Seine Erbauer haben als Baustoff Holz verwendet und mit dem für Westindien typischen Galerieumlauf den Wohn- und Schlafräumen schattige Kühle gegeben.

Außen eine überdachte Stiege auf Türbreite, die der einzige Zugang zum oberen Stock ist. In dem Haus, das wie aufgegeben aussieht, leben seit Generationen kleine Handelstreibende.

PUERTO RICO

Puerto Rico ist die östlichste — und kleinste — Insel der großen Antillen. Mit kurzen Unterbrechungen, in denen Engländer bzw. Franzosen die Insel besetzt hielten, blieb Puerto Rico spanisch. 1898 nahmen die USA Besitz von der Insel und assoziierten sie als „freien Staat". Trotz des starken nordamerikanischen Einflusses sind spanische Kultur und Sprache unverkennbar und vorherrschend.

Daß den Spaniern die klimatischen Bedingungen der Tropen weniger Probleme bereiteten als anderen europäischen Kolonisatoren, zeigt sich unmittelbar in der Architektur. Von Anfang an bauten die Iberer weiträumig. Schattige Plätze, Binnenhöfe und Gärten waren ihnen selbstverständlich. Die Anordnung der Fenster und Balkone ist so, daß eine ständige, kühlende Brise durch die Räume geht.

Ein Wohn- und Handelshaus aus dem vergangenen Jahrhundert, das spanische Stilelemente aufweist. Die Galerie schmücken filigrane Zierleisten aus verzinktem Blech. Anderer Schmuck an Fensteraufsätzen, Blendläden und Brüstungen ist aus Harthölzern geschnitzt.

Bogenfeld eines Portals aus dem
18. Jahrhundert. Ornamentik nach
Art eines spanischen Fächerblattes.

Ein Verfall, der so weit fortgeschritten ist, daß er nicht
mehr aufgehalten wird. Man ahnt noch die Kraft der
Farben, mit denen das Haus einmal geschmückt war.

Das Instituto de Cultura Puertoriqueña bemüht sich um Denkmalspflege. Die Altstadt von San Juan sowie die Plaza von San German sind geschützt. Andalusisch wirken die Lampen und die Balkonbrüstungen aus gedrechseltem Holz, vor allem aber die „Azulejos", Fayencefliesen, die die Mauren im 14. Jahrhundert nach Spanien gebracht hatten.

Stadthäuser, die im frühen 19. Jahrhundert erbaut wurden. Das Haus mit dem abblätternden Verputz gibt den Blick auf das Mauerwerk frei, das aus Ziegelsteinen besteht, die als Schiffsballast mitgeführt wurden. Das Straßenpflaster ist auf dieselbe Weise nach Puerto Rico gekommen.

CURAÇAO

Vor der Küste Venezuelas gelegen, gehört Curaçao mit den anderen Niederländischen Antillen zu Holland. Es bildet den südlichsten Punkt in der Inselkette. Curaçao wurde 1499 von Alonso de Ojeda — er war Kolumbus'scher Schiffsoffizier — für Spanien beansprucht. Die Holländer allerdings kamen als endgültige Eroberer und nahmen es 1634 in Besitz. Mit Willemstad gründeten sie eine bedeutende Handelsniederlassung. Erster Inselgouverneur wurde Peter Stuyvesant. Abgesehen von ihren Praktiken im Sklavenhandel waren die Holländer für ihre politische und religiöse Toleranz bekannt, so daß es Einwanderer der unterschiedlichsten Nationalitäten und Glaubensrichtungen nach Curaçao zog. Simon Bolivar wurde hier wiederholt Asyl gewährt. Zwei große, reich ausgestattete Synagogen zeugen vom Ansehen einer jüdischen Gemeinde, deren Begründer im 17. Jahrhundert, auf der Flucht vor der spanischen Inquisition, hierher gekommen waren.

Das sandige, trockene Inselinnere eignete sich von jeher kaum für eine landwirtschaftliche Nutzung. Curaçao war daher, mehr als andere Inseln in der Karibik, auf den Handel mit Überseegütern angewiesen. Die Nähe zum amerikanischen Festland kam den holländischen Händlern dabei gelegen. Andererseits bot Curaçao mit seinen vielen fjordähnlichen Buchten denen idealen Schutz, die gute Gründe hatten, sich zu verstecken — den Seeräubern.

Der holländische Charakter in der Architektur Willemstads ist nicht zu übersehen. Nicht nur die schwenkbaren Pontonbrücken in Punda und Otrabanda — Vororten der Stadt — erinnern an die Niederlande, sondern allein schon die gedrungenen Proportionen, das Kleinformatige, die Solidität des Gebauten. Man sieht kein Wellblech, sondern Ijssel-Ziegel, die zu Schiff aus dem Mutterland gekommen waren, man schaut hoch zu altholländischen Giebeln mit barocken Ornamenten.

Das karibische Element an der Architektur sind vor allem die Farben.

Giebel eines mehrstöckigen Wohnhauses aus dem 18. Jahrhundert. Die S-förmigen Dachziegel sind Importware. Sie kamen aus dem Mutterland.

Zugemauerte Arkaden wiederholen das architektonische Fassadenelement. Sie zeigen, daß das Haus einmal ein Geschäftshaus war. Der herrschaftliche Treppenaufgang hat ein Geländer aus Mahagoni.

Den West- und den Ostgiebel des Kreuzdaches betont das Formenspiel mit dem barocken Schneckenornament. Die Schiebefenster der Villa aus dem 18. Jahrhundert sind verglast, ein Komfort, der nicht selbstverständlich war.

Der Baukörper ist mit Stilelementen aus unterschiedlichsten Epochen überladen und ähnelt eher einem Pavillon für Lustbarkeiten der vormaligen europäischen Adelsgesellschaft als der Villa eines Kaufmanns. Die Farbgebung hingegen ist typisch karibisch. Den Zementstuck, wie er zwischen 1870 und 1900 populär war, konnte man nach Katalog aus Europa einführen.

Die Holländer haben nicht immer „tropengerechte" Häuser gebaut. Das Wohnhaus aus dem 17. Jahrhundert ist ein solides, nach europäischen Maßstäben errichtetes Bauwerk mit Satteldach und Gaube, und im Inneren womöglich mit einem offenen Kamin ausgestattet. Klimagerecht war dieser „Luxus" nicht.

Das Haus eines reichen jüdischen Geschäftsmannes orientiert sich ganz an Vorbildern des europäischen Klassizismus. Die vier Frontsäulen, grob in der Proportionierung, haben dekorative wie statische Funktion. Im Tympanon das Medaillon als Lüftung für die Dachstube.

Kaum ein Gebäude in Willemstad, das einen weißen Anstrich hätte. Leuchtende Farben herrschen vor. Die Geschichte berichtet von einem Gouverneur, der im 18. Jahrhundert lebte, an einer Augenkrankheit litt und grelles Weiß nicht vertrug. Seine Anordnung, nur bunte Farben zu verstreichen, wird merkwürdigerweise noch heute befolgt und in Wettbewerben für den schönsten Hausanstrich kultiviert.

Auftritte und Stöße der Freitreppe sind mit holländischen Keramikfliesen belegt.

Neu-klassische Elemente, die auf unbekümmerte Weise mit anderen Baustilen eine Verbindung eingehen, aus reiner Freude am Dekorativen. Versetzte Säulen unter dem gedrungen wirkenden Tympanon. Das Geländer und die Brüstung der Terrasse sind aus vorgefertigten Betonelementen.

Ein früheres Handelshaus, das jetzt als Hotel genutzt wird. Am Dachfenster ein hexagrammartiges Signet.

Großbürgerliches Stadthaus, das vom materiellen Wohlstand seines Erbauers einen Eindruck vermittelt. Es liegt oberhalb der vielfach verzweigten Bucht, um die herum Willemstad angelegt ist. Von daher erklärt sich der Ausguck über der Balustrade.

Die Brüstung des Balkons sowie dessen
Verblendungen sind aus Holz geschnitzt.
Die Lattendekoration ist genagelt.

Rahmen und Gesims sowie die Ecksäulen sind aus Holz. Kanneluren und Rosetten wurden fein ausgearbeitet. In den Schlagläden Lamellen, die man individuell verstellt für Lüftung, Licht und Ausblicke.

HAITI

Haiti teilt sich mit der Dominikanischen Republik ein Drittel der Insel Hispaniola, der zweitgrößten der Großen Antillen. Sie liegt zwischen Cuba und Puerto Rico. Haiti ist eine der dichtestbesiedelten Regionen der Erde — und eine der ärmsten. Ende des 15. Jahrhunderts von Kolumbus entdeckt, gründete dessen Sohn Diego als Gouverneur die Stadt Domingo. Schon um 1600 wurden die ersten Sklaven aus Afrika hierher verschleppt. Um 1630 siedelten sich englische sowie französische Seeräuber und Freibeuter im westlichen Inselteil, dem heutigen Haiti, an. Gegen Ende des 17. Jahrhunderts wurde das Gebiet von den Franzosen besetzt. Die Spanier, die hier inzwischen seßhaft geworden waren, zogen sich in den Ostteil Hispaniolas zurück. Seither besteht eine strikte Grenze der Nationalitäten und Sprachen. Die junge Elite Haitis studierte in Paris.

Haitis Sklaven haben erbittert und ausdauernd um ihre Freiheit gekämpft. Es wurde zum ältesten freien, von Schwarzen regierten Staat Westindiens. Nach anhaltenden Bürgerkriegen zwischen ethnischen Gruppen, nach Machtkämpfen von Diktatoren, einem Kaiser sogar, fühlten sich 1915 die USA veranlaßt, militärisch zu intervenieren. Sie blieben bis 1934. Der Verfall aller politischen Kultur hat jedoch, bis in die jüngste Vergangenheit hinein, nicht aufgehört.

Die koloniale Architektur der haitianischen Städte ist nicht von jener Einheitlichkeit, wie sie auf anderen Inseln in der Karibik festgestellt werden kann. Die Bauten in Port-au-Prince, der Hauptstadt Haitis, unterscheiden sich deutlich von denen der im Südwesten der Insel gelegenen Stadt Jacmel. Hier, in der Stadt der Kaffeehändler, trifft man auf Handels- und Lagerhäuser des 18. und 19. Jahrhunderts mit gußeisernen Pfeilern und schmiedeeisernen Balkongittern, die als Fertigprodukte aus Europa kamen. Bei den Stadtvillen in Porte-au-Prince handelt es sich schon nicht mehr um eine anonyme Architektur. Diese Häuser einer großbürgerlichen Elite wurden um die Jahrhundertwende von haitianischen Architekten, die an der Ecole-des-Beaux-Arts in Paris studiert hatten, entworfen. Der Zeitgeschmack des Fin-de-siècle, das tropische Klima, die Vegetation sowie die Lebensfreude der Haitianer haben zusammengewirkt und eine ungewöhnliche Architektur zur Blüte gebracht.

Die märchenhafte Villa in Porte-au-Prince, ganz im Geschmack des Fin-de-siècle erbaut, hat eine merkwürdige Geschichte. Einst war sie das Haus eines Kapitäns namens Oloffson, der sich auf Haiti zur Ruhe gesetzt hatte und im Swimming-pool Krokodile züchtete. 1930 wurde das Haus Marinehospital. Heute wird es als Hotel geführt, das literarische Berühmtheit erlangte durch Graham Greenes „Stunde der Komödianten".

Vom Balkon herab war ein Blick auf den Marktplatz möglich, an dessen Begrenzung dieses Haus seit mehr als hundert Jahren steht. Seine Tore standen den Kaffeehändlern offen, die hier, in Jacmel, ihre Geschäfte konzentrierten. Die gußeisernen Pfeiler und Einfassungen sind von deutschen Schiffen als Fertigteile mitgebracht worden.

Im Stil der Jahrhundertwende, von einem haitianischen Architekten erbaut, verbindet die Stadtvilla abendländische Baukunst mit der Unbekümmertheit, ihre Merkmale beliebig zu verwenden.

Lagerhäuser der Kaffeehändler, deren Gewölbe im Erdgeschoß aus Ziegeln errichtet worden sind. Die Kappendecken der Galerien sind aus Eisenträgern und Wellblech. Die Galerien springen selbst für karibische Verhältnisse ungewöhnlich weit vor. Holzbauweise macht sie nicht nur optisch „leicht".

Die Bogen der Portale sind gemauert, als Dekoration fanden Kacheln Verwendung.

Es sieht aus, als hätte man einmal einen Kubus auf den anderen Kubus gesetzt — und fertig war das Haus. Es beherbergte einen Krämerladen. Heute ist es ein Bordell.

Man könnte nicht behaupten, daß die Häuser in gutem Zustand sind. Dem untrüglichen Sinn der Haitianer für die Wirkung kräftiger Farben verdanken sie es, daß sie „schön" aussehen.

BARBADOS

Spanier haben Barbados zwar als erste entdeckt, aber nie betreten. 1625 kamen die Engländer und nahmen die Insel in Besitz. Die exponierte Lage — Barbados liegt östlich des karibischen Inselkreises — ersparte den englischen Siedlern kriegerische Auseinandersetzungen mit den anderen Kolonialmächten, die von der karibischen See her gegen die Passatwinde hätten ansegeln müssen. Das brachte den Ansiedlern über die Jahrhunderte ein gewisses Selbstbewußtsein gegenüber der britischen Krone.

Barbados hatte früh eine weitreichende, innere Selbstverwaltung. Das erste Parlament konstituierte sich bereits 1639. Im 19. Jahrhundert sorgte ein relativ gut ausgebautes Erziehungswesen dafür, daß auch die Nachkommen der Sklaven, die heute den größten Bevölkerungsanteil stellen, den Anschluß an das Wissen der Europäer fanden. 1966 wurde Barbados politisch unabhängig.

Barbados weist in seiner Architektur gewisse Gemeinsamkeiten mit der anderer Antilleninseln auf. Bestimmend für diese Tatsache sind die vergleichbaren Funktionen der Bauten. Die nachgeborenen Generationen der Einwanderer, unterschiedlichste ethnische Gruppen aus Europa, aus Afrika, von den benachbarten Inseln und dem amerikanischen Festland haben die gebauten Zeugen kolonialer Vergangenheit in Besitz genommen. Trotz veränderter Nutzung ist bis heute ihre Substanz sichtbar. Die Wiederherstellung des ursprünglichen baulichen Zustands ist inzwischen als touristische Attraktion akzeptiert.

Die vom Jugendstil beeinflußten Formen der Strandvilla lassen darauf schließen, daß sie im ersten Jahrzehnt unseres Jahrhunderts erbaut worden ist. Die harmonische Fassade, deren Wirkung durch die Verkröpfung um die Erker entsteht, wird gestört durch die weitausladenden Überdachungen der seitlichen Anbauten.

Die „Demerara Windows" sind eine Spezialität auf Barbados. Der Sockel des Hauses ist gemauert, der Rahmen aus tropischen Hölzern hergestellt. Der Maueranstrich, die abgestimmten Ton-in-Ton-Farben des Entrées oder der Hauswände wirken europäisch zurückhaltend, moderat.

Mit Hilfe der Holzbauweise konnte sich eine im tropischen Klima gut durchlüftbare Architektur entwickeln. Die Veranden sind äußerst geräumig. Das Dach ist traditionell mit Holzschindeln und zeitgemäß mit Wellblech gedeckt — die Anbauten sind entweder später hinzugekommen oder einmal erneuert worden. Sehr englisch ist der Zaun.

Auf den flüchtigen Blick hin vermutet man das Haus in einer englischen Grafschaft. Selbst die Vegetation erinnert daran. Das Wellblech allerdings, das das Dach deckt sowie die Verblendungen, die wie von Klöppelspitze verziert aussehen, verraten den wahren Standort.

Gegen die Sonnenhitze, die ungeschützt das Haus trifft, hat man besondere Fenster konstruiert. Eine Verdachung bedeckt fast ein Viertel des Fensters, starre Außenverblendungen sowie Fensterläden, die von innen zu öffnen oder zu verschließen sind, erlauben die Dosierung des Luftzugs, der die jeweilige Außentemperatur für das Hausinnere korrigiert.

Barbados wurde regelmäßig von Hurrikanen und Feuersbrünsten heimgesucht. Daher existieren Häuser aus dem 17. und 18. Jahrhundert kaum mehr. Sehr gut erhalten hingegen sind die meisten Villen aus dem vergangenen Jahrhundert. Da der auf Barbados vorkommende Korallen-Kalkstein nur für die Regierungs- und Sakralbauten verwendet werden durfte, ist er an dieser Villa wohl imitiert.

Gemauerte Pfeiler mit einer Pyramide als
Abschluß sind Grundstückeingrenzungen,
die sich häufig auf der Insel finden.

Erkerähnliche, vor die Fenster gesetzte Jalousiekästen sind natürliche Klimaanlagen. „Demerara Windows" sind, wie hier in Bridgetown, auch an öffentlichen Bauten zu sehen: das Innere einer Kirche wird somit angenehm kühl gehalten.

Die Wände sind mit Zement verputzt, die Verwendung von Werkstein ist imitiert. Die Fenster, so klein sie ausfallen, sind mehrstufig verschließbar. Über den typisch englischen Schiebefenstern blechgedeckte Vordächlein, für die untere Fensterhälfte wurden Schlagläden angebracht, die durch Holzlamellen wiederum luftdurchlässig bleiben.

Veranden sind nicht allein als Klimapuffer nützlich, sie halten darüber hinaus Nachtvögel fern und anderes Getier.

Die Frontseite des Hauses, das von der aus lackiertem Holz geschaffenen Portalwand halb umschlossen ist.

Originalausgabe.

© 1986 Edition Fricke im Rudolf Müller Verlag, Köln.
Anschrift der Edition Fricke: Humboldtstr. 67, D-6000 Frankfurt/Main.

Printed in the Federal Republic of Germany.
Alle Rechte, auch die des auszugsweisen Nachdrucks, der Fotokopie,
der Vervielfältigung auf reprographischem Wege, der Übertragung
auf Ton- oder Bildträger sind vorbehalten.

ISBN 3-481-50531-0.

5 4 3 2 1   Reisen zur Architektur, erster Band.